Impressum
Verlag: BABADADA GmbH, Nedderfeld 112 , 22529 Hamburg
Geschäftsführer / Verlagsleitung: Harald Hof
Druck: Books on Demand GmbH, In de Tarpen 42, 22848 Norderstedt

Imprint
Publisher: BABADADA GmbH, Nedderfeld 112 , 22529 Hamburg, Germany
Managing Director / Publishing direction: Harald Hof
Print: Books on Demand GmbH, In de Tarpen 42, 22848 Norderstedt

學校

школа

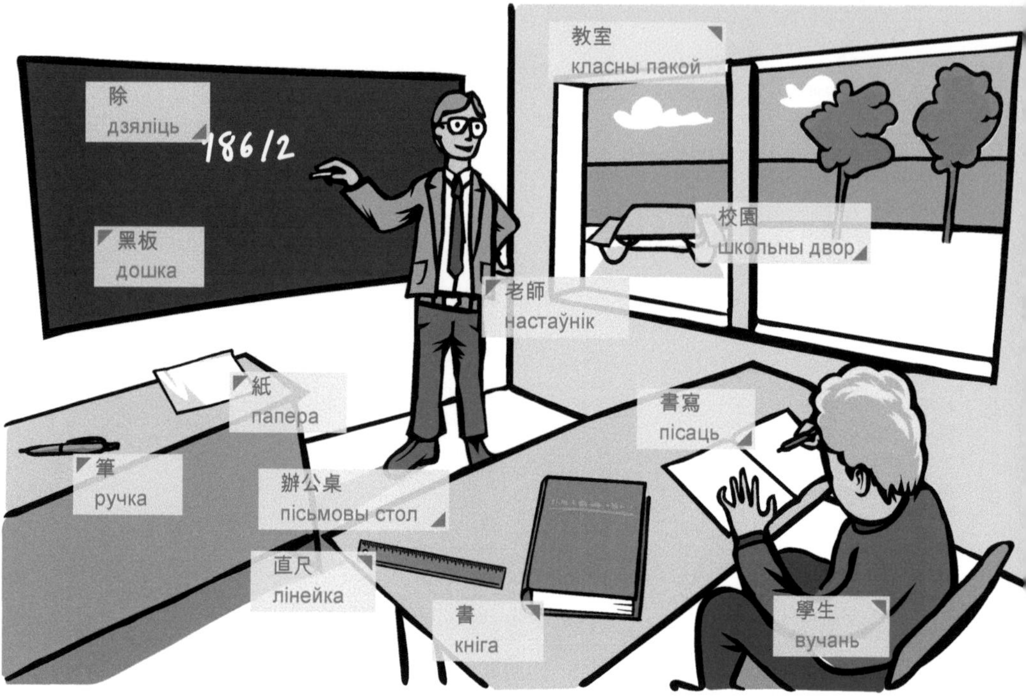

教室
класны пакой
除
дзяліць
186/2
黑板
дошка
校園
школьны двор
老師
настаўнік
紙
папера
書寫
пісаць
筆
ручка
辦公桌
пісьмовы стол
直尺
лінейка
書
кніга
學生
вучань

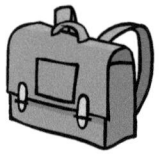

書包

ранец

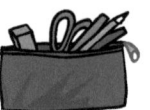

鉛筆盒

пенал

鉛筆

просты аловак

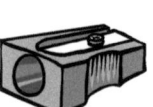

削鉛筆機

тачылка для алоўкаў

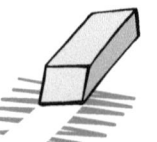

橡皮擦

гумка

畫板

альбом для малявання

圖畫
малюнак

畫筆
пэндзлік

顏料盒
фарбы

剪刀
нажніцы

膠水
клей

練習冊
сшытак

家庭作業
хатняе заданне

數字
лік

加
дадаваць

減
адымаць

乘
множыць

計算
лічыць

A

字母
літара

ABCDEFG
HIJKLMN
OPQRSTU
VWXYZ

字母表
алфавіт

hello

字
слова

課文

тэкст

讀

чытаць

粉筆

крэйда

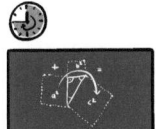

上課

ўрок

登記

класны журнал

考試

экзамен

證書

атэстат

校服

школьная форма

教育

адукацыя

百科全書

энцыклапедыя

大學

універсітэт

顯微鏡

мікраскоп

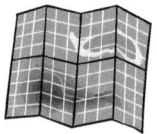

地圖

карта

廢紙簍

смеццевы кошык

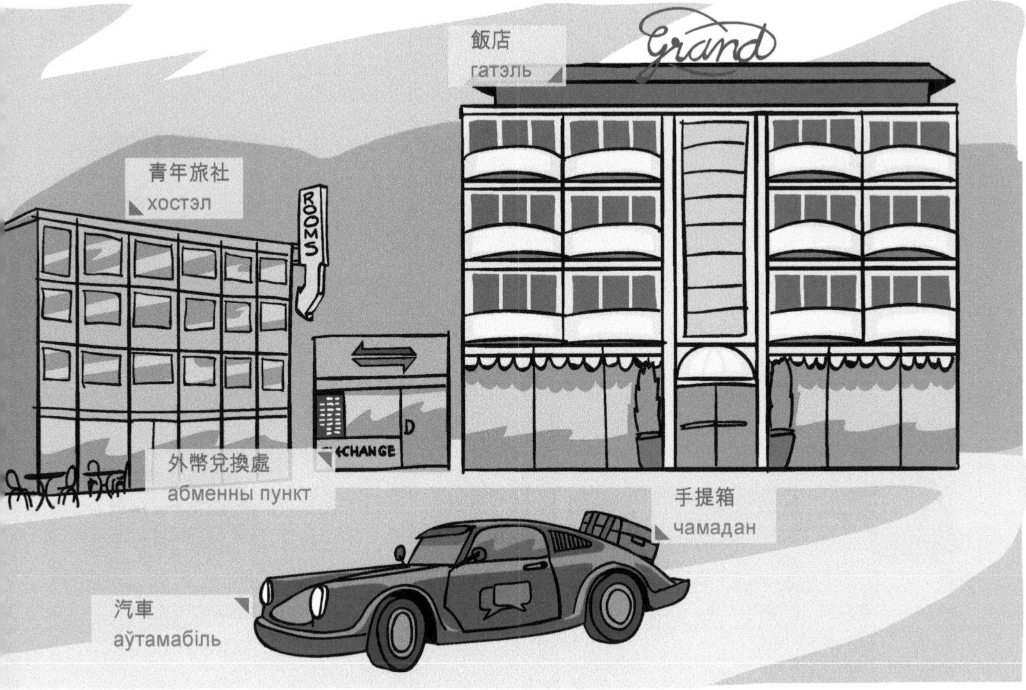

飯店
гатэль
Grand
青年旅社
хостэл
ROOMS
外幣兌換處
абменны пункт
手提箱
чамадан
汽車
аўтамабіль

語言

мова

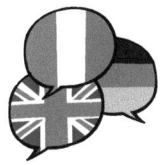

是/否

так / не

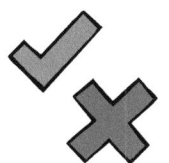

好的

добра

您好

прывітанне!

翻譯人員

перакладчык

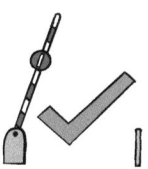

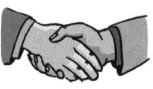

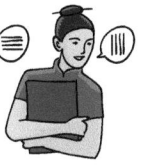

謝謝

дзякуй

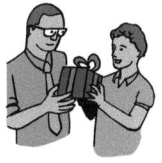

……多少錢？

Колькі каштуе....?

我不明白

я не разумею

問題

праблема

晚上好！

Добры вечар!

早上好！

Добрай раніцы!

晚安！

Дабранач!

再見

да пабачэння

方向

кірунак

行李

багаж

包

сумка

背包

заплечнік

客人

госць

房間

пакой

睡袋

спальны мяшок

帳篷

палатка

旅行資訊

нфармацыя для турыстаў

海灘

пляж

信用卡

крэдытная картка

早餐

снеданне

午餐

абед

晚餐

вячэра

票

праязны білет

電梯

ліфт

郵票

паштовая марка

邊界

мяжа

海關

мытня

大使館

пасольства

簽證

віза

護照

пашпарт

транспарт

飛機
самалёт

船
карабель

消防車
пажарная машына

公車
аўтобус

卡車
грузавік

汽艇
маторная лодка

汽車
аўтамабіль

腳踏車
ровар

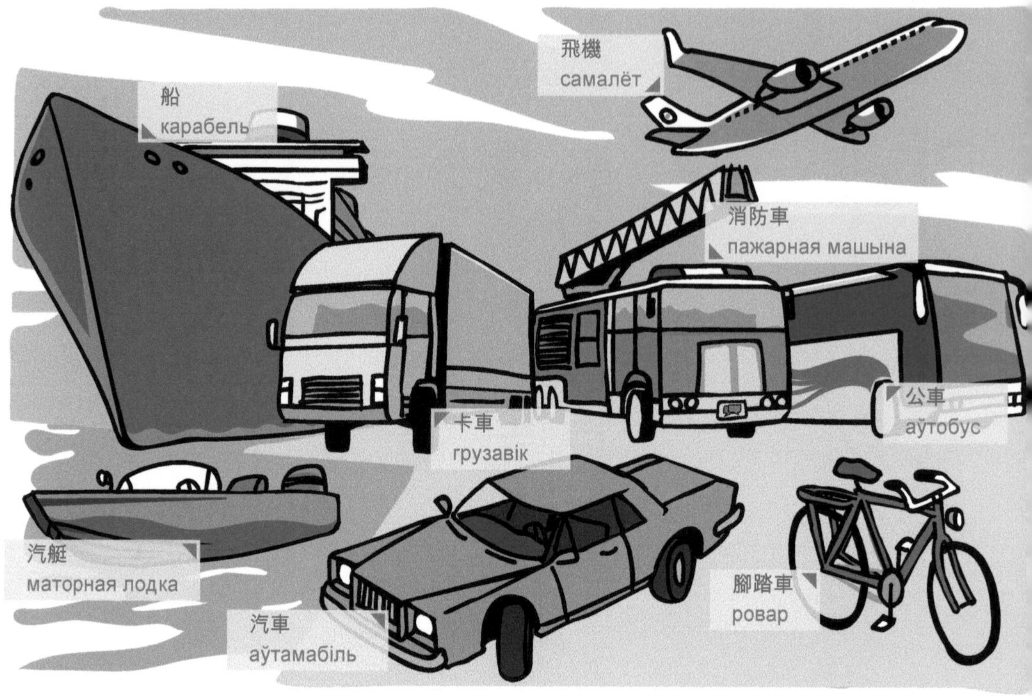

渡輪
....
паром

小船
....
лодка

機車
....
матацыкл

警車
....
паліцэйская машына

賽車
....
гоначны аўтамабіль

租車
....
арэндаваны аўтамабіль

拼車

сумеснае карыстанне
аўтамабілем

拖車

эвакуатар

垃圾車

смеццявоз

馬達

матор

汽油

паліва

加油站

заправка

交通標識

дарожны знак

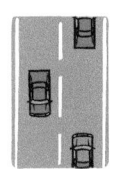

交通

дарожны рух

交通堵塞

затор

停車場

паркоўка

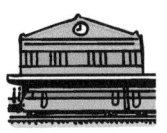

火車站

чыгуначная станцыя

軌道

рэйкі

火車

цягнік

路面電車

трамвай

客車廂

вагон

直升機

верталёт

機場

аэрапорт

塔

вежа

乘客

пасажыр

集裝箱

кантэйнер

紙板箱

кардонная скрыня

手推車

тачка

籃子

карзіна

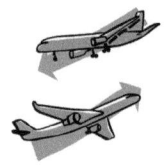

起飛/降落

ўзлятаць / прызямляцца

城市

горад

村莊

вёска

市中心

цэнтр горада

房子

дом

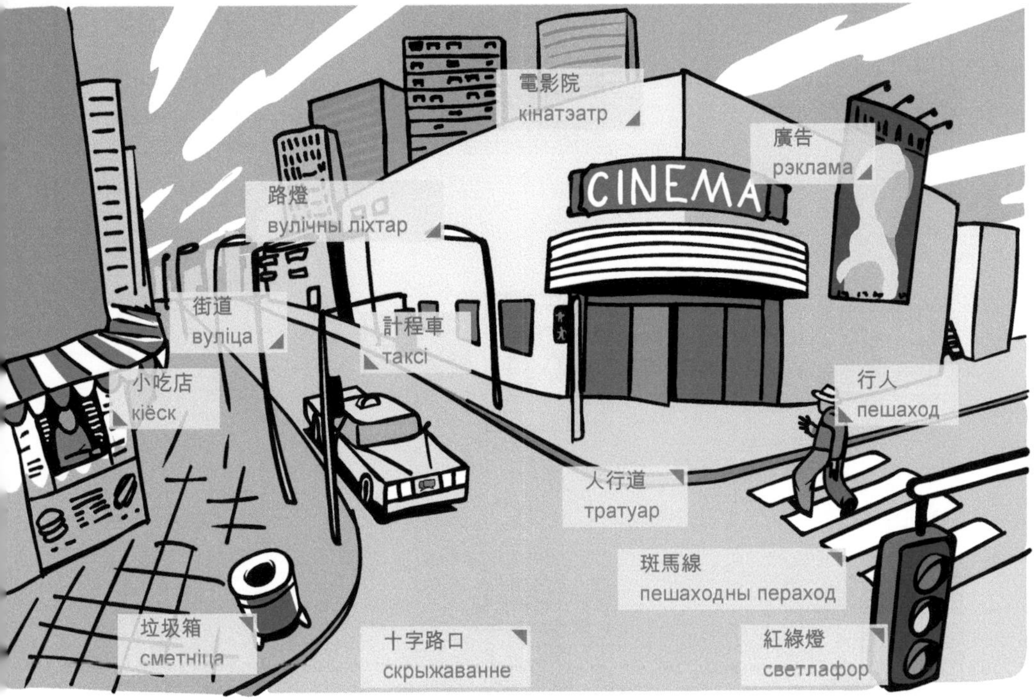
電影院
кінатэатр
廣告
рэклама
CINEMA
路燈
вулічны ліхтар
街道
вуліца
計程車
таксі
小吃店
кіёск
行人
пешаход
人行道
тратуар
斑馬線
пешаходны пераход
垃圾箱
сметніца
十字路口
скрыжаванне
紅綠燈
светлафор

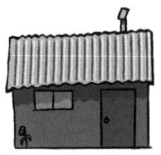

小屋

халупа

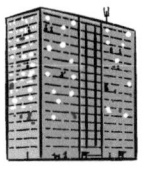

公寓

кватэра

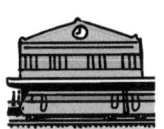

火車站

чыгуначная станцыя

市政廳

ратуша

MUSEUM

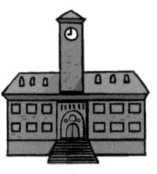

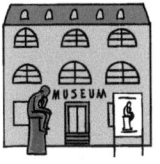

博物館

музей

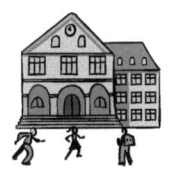

學校

школа

大學

університэт

銀行

банк

醫院

шпіталь

飯店

гатэль

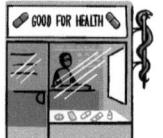

藥房

аптэка

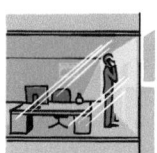

辦公室

офіс

書店

кнігарня

商店

крама

花店

кветкавая крама

超市

супермаркет

市場

кірмаш

百貨商店

універмаг

魚店

рыбная крама

購物中心

гандлевы цэнтр

海港

порт

公園

парк

長凳

лава

橋

мост

樓梯

лесвіца

捷運

метро

隧道

тунэль

公車站

прыпынак

酒吧

бар

餐館

рэстаран

郵筒

паштовая скрыня

路標

вулічны паказальнік

停車計時器

паркамат

動物園

заапарк

游泳池

басейн

清真寺

мячэць

農場

сядзіба

污染

забруджванне навакольнага асяроддзя

墓地

могілкі

教堂

царква

操場

пляцоўка для гульні

寺廟

храм

地形

краявід

樹葉 ліст

指示牌 паказальнік

路 дарога

草地 луг

石頭 камень

樹 дрэва

徒步旅行者 падарожнік

河 рака

草 трава

花 кветка

峽谷

даліна

丘陵

гара

湖

возера

森林

лес

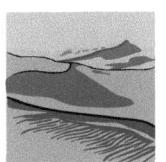

沙漠

пустыня

火山

вулкан

城堡

замак

彩虹

вясёлка

蘑菇

грыб

棕櫚樹

пальма

蚊子

камар

蒼蠅

муха

螞蟻

мурашка

蜜蜂

пчала

蜘蛛

павук

甲蟲

жук

青蛙

жаба

松鼠

вавёрка

刺蝟

вожык

野兔

заяц

貓頭鷹

сава

鳥

птушка

天鵝

лебедзь

野豬

дзік

鹿

алень

麋鹿

лось

水壩

плаціна

風力發電機

вятрак

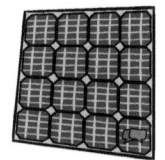

太陽能電池板

сонечная батарэя

氣候

клімат

餐館
рэстаран

服務生
афіцыянт
菜譜
меню
椅子
крэсла
湯
суп
披薩餅
піца
餐具
сталовыя прыборы
桌布
абрус

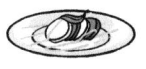

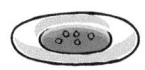

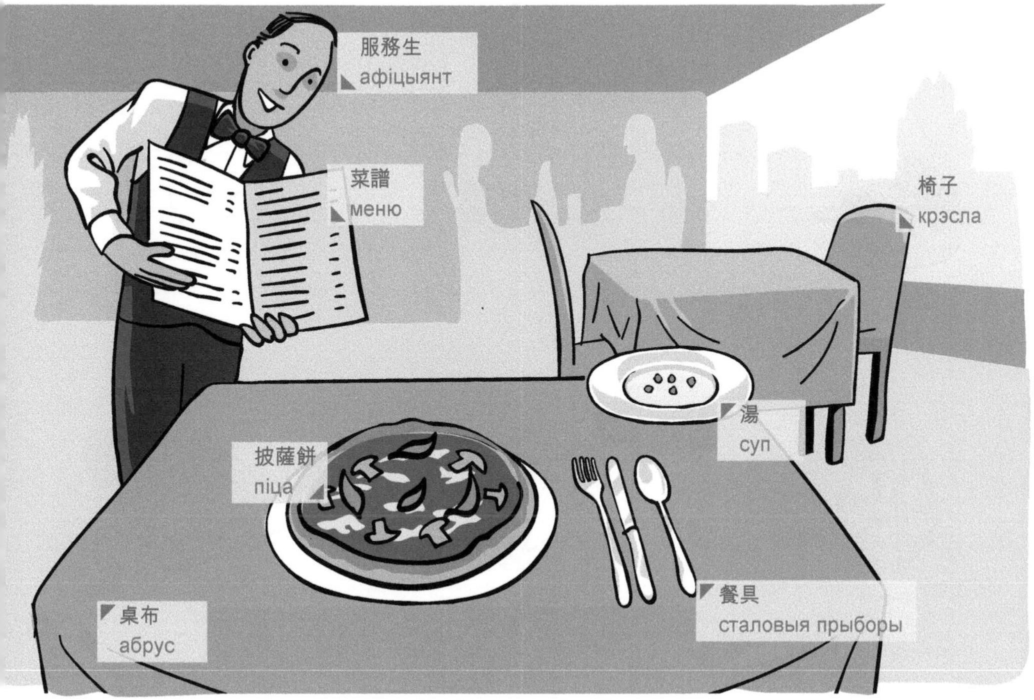

前菜

закуска

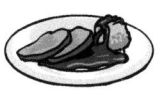

主菜

другая страва

甜點

дэсерт

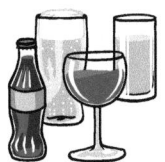

飲料

напоі

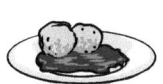

食物

ежа

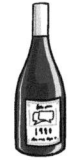

瓶子

бутэлька

速食

хуткае харчаванне (фаст-фуд)

街邊小吃

стрыт-фуд

茶壺

імбрык (чайнік)

糖盒

цукарніца

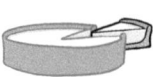

一份飯菜

порцыя

義式咖啡機

эспрэса-машына

高腳椅

дзіцячае крэселка

帳單

рахунак

托盤

паднос

刀

нож

餐叉

відэлец

勺子

лыжка

茶匙

чайная лыжка

餐巾

сурвэтка

玻璃杯

шклянка

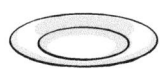

碟子

талерка

湯盤

супавая талерка

碟子

сподак

醬

соус

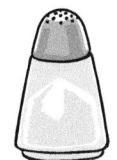

鹽瓶

сальніца

胡椒研磨罐

млынок для перцу

醋

воцат

食用油

алей

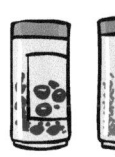

調味料

спецыі

番茄醬

кетчуп

芥末

гарчыца

美乃滋

маянэз

超市

супермаркет

特價
акцыя
FOR
顧客
пакупнік
乳製品
малочныя прадукты
水果
садавіна
購物車
вазок

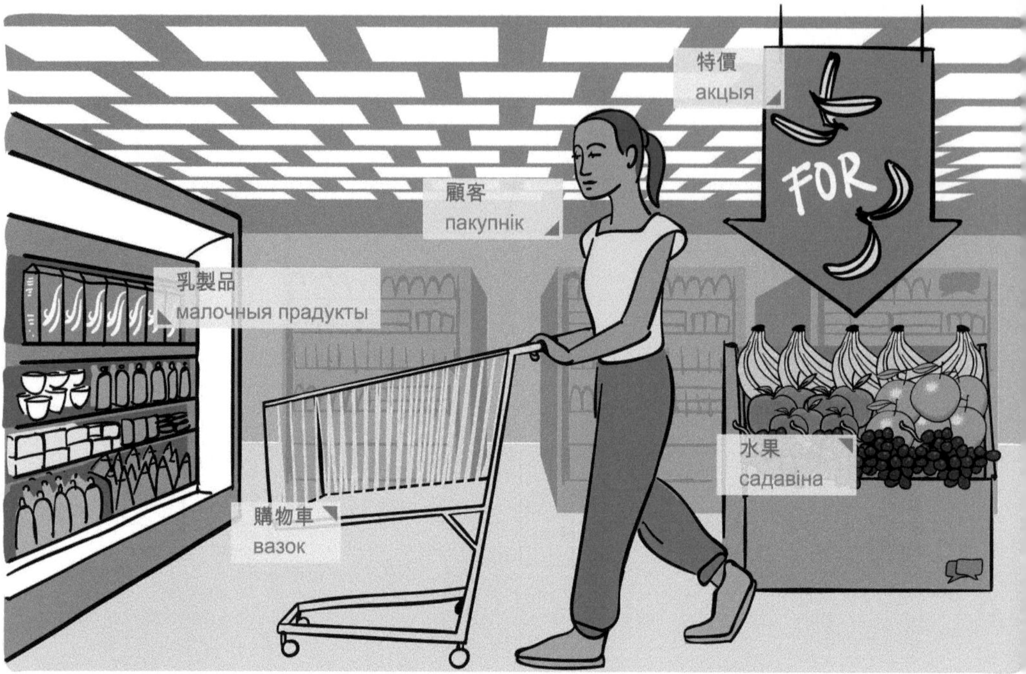

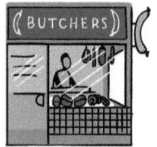

BUTCHERS

肉鋪

мясная крама

BAKERY

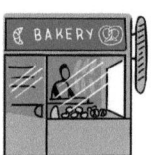

麵包店

хлебны магазін

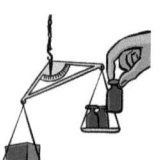

稱重

важыць

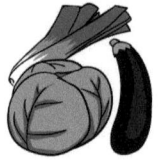

蔬菜

гароднiна

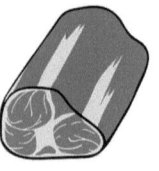

肉

мяса

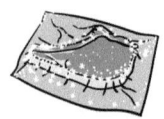

冷凍食品

свежазамарожаныя прадукты

冷盤
нарэзка

罐頭食品
кансервы

洗衣粉
пральны парашок

甜食
прысмакі

日用品
хатнія прылады

清潔用品
чысцячы сродак

銷售員
прадавец

收銀機
каса

收銀員
касір

購物清單
спіс пакупак

開放時間
гадзіны працы

錢包
бумажнік

信用卡
крэдытная картка

袋子
сумка

塑膠袋
пакет

水

вада

果汁

сок

牛奶

малако

可樂

кола

紅酒

віно

啤酒

піва

酒

алкаголь

可可

какава

茶

гарбата (чай)

咖啡

кава

義式濃縮咖啡

эспрэса

卡布奇諾

капучына

香蕉

банан

蘋果

яблык

柳丁

апельсін

西瓜

дыня

檸檬

лімон

胡蘿蔔

морква

大蒜

часнок

竹子

бамбук

洋蔥

цыбуля

蘑菇

грыб

堅果

арэхі

麵條

локшына

義大利麵

спагеці

米飯

рыс

沙拉

салата

薯條

бульба фры

炸馬鈴薯

смажаная бульба

披薩餅

піца

漢堡

гамбургер

三明治

бутэрброд

炸豬排

шніцаль

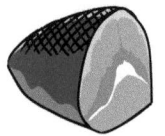

火腿

вяндліна

義大利臘腸

салямі

香腸

каўбаса

雞肉

курыца

烤肉

смажаніна

魚

рыбак

燕麥片

аўсяныя камякі

木斯里

мюслі

玉米片

кукурузныя шматкі

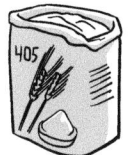

麵粉

мука

牛角麵包

круасан

麵包捲

булачка

麵包

хлеб

吐司

тост

餅乾

пячэнне

奶油

масла

凝乳

тварог

蛋糕

пірог

蛋

яйка

煎蛋

яечня

起司

сыр

冰淇淋

марожанае

糖

цукар

蜂蜜

мёд

果醬

варэнне

巧克力醬

нуга

咖哩

кары

農場

сядзіба

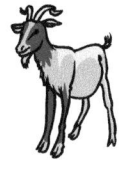

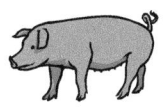

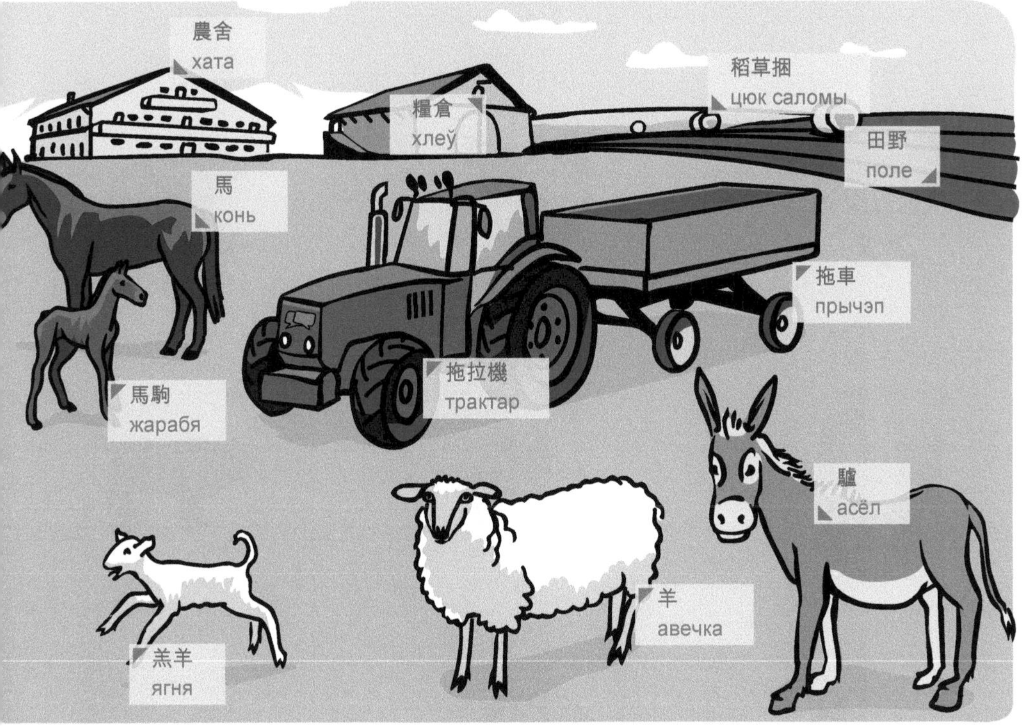

農舍
хата
稻草捆
цюк саломы
糧倉
хлеў
田野
поле
馬
конь
拖車
прычэп
拖拉機
трактар
馬駒
жарабя
驢
асёл
羊
авечка
羔羊
ягня

山羊

каза

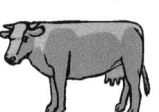

奶牛

карова

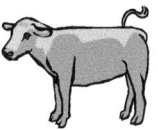

小牛

цяля

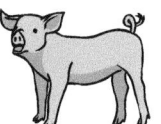

豬

свіння

小豬

парася

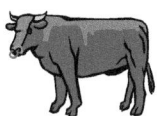

公牛

бык

鵝

гусак

鴨

качка

小雞

кураня

母雞

курыца

公雞

певень

鼠

пацук

貓

кот

老鼠

мыш

牛

вол

狗

сабака

狗屋

сабачая будка

花園澆水軟管

садовы шланг

澆水壺

палівачка

長柄大鐮刀

каса

犁

плуг

鐮刀

серп

鋤頭

матыка

長柄草耙

вілы для гною

斧頭

сякера

獨輪手推車

тачка

飼料槽

карыта

牛奶罐

бітон для малака

麻布袋

мех

柵欄

плот

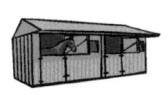

馬廄

хлеў

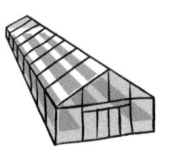

溫室

цяпліца

土壤

глеба

種子

насенне

肥料

угнаенне

聯合收割機

камбайн

收割

збіраць ураджай

收割

ураджай

地瓜

ямс

小麥

пшаніца

大豆

соя

土豆

бульба

玉米

кукуруза

油菜籽

рапс

果樹

садовае дрэва

樹薯

маніёк

穀物

збожжа

房子
дом

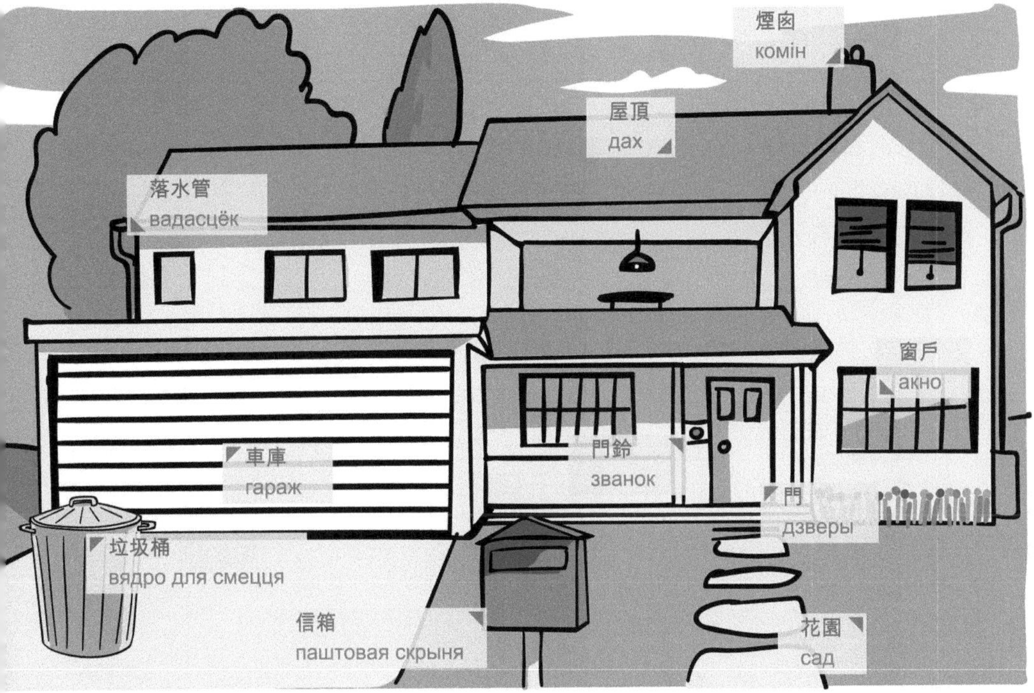

煙囪
комін
屋頂
дах
落水管
вадасцёк
窗戶
акно
車庫
гараж
門鈴
званок
門
дзверы
垃圾桶
вядро для смецця
信箱
паштовая скрыня
花園
сад

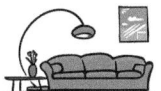

客廳

жылы пакой

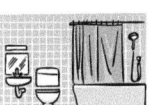

浴室

ванная

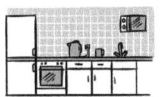

廚房

кухня

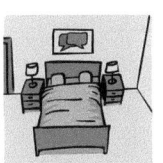

臥室

спальны пакой

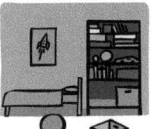

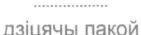

兒童房

дзіцячы пакой

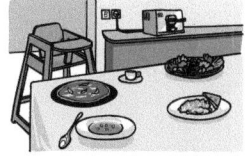

餐廳

сталоўка

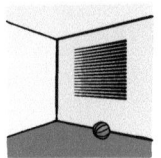

地板

падлога

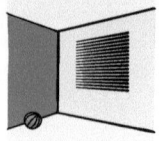

牆壁

сцяна

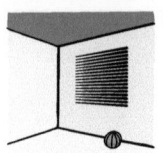

天花板

столь

地窖

падвал

三溫暖

саўна

陽臺

балкон

露臺

тэраса

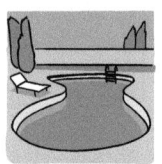

游泳池

басейн

割草機

касілка

被單

падкоўдранік

床罩

коўдра

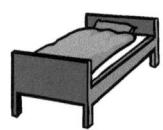

床

ложак

掃帚

венік

水桶

вядро

開關

выключальнік

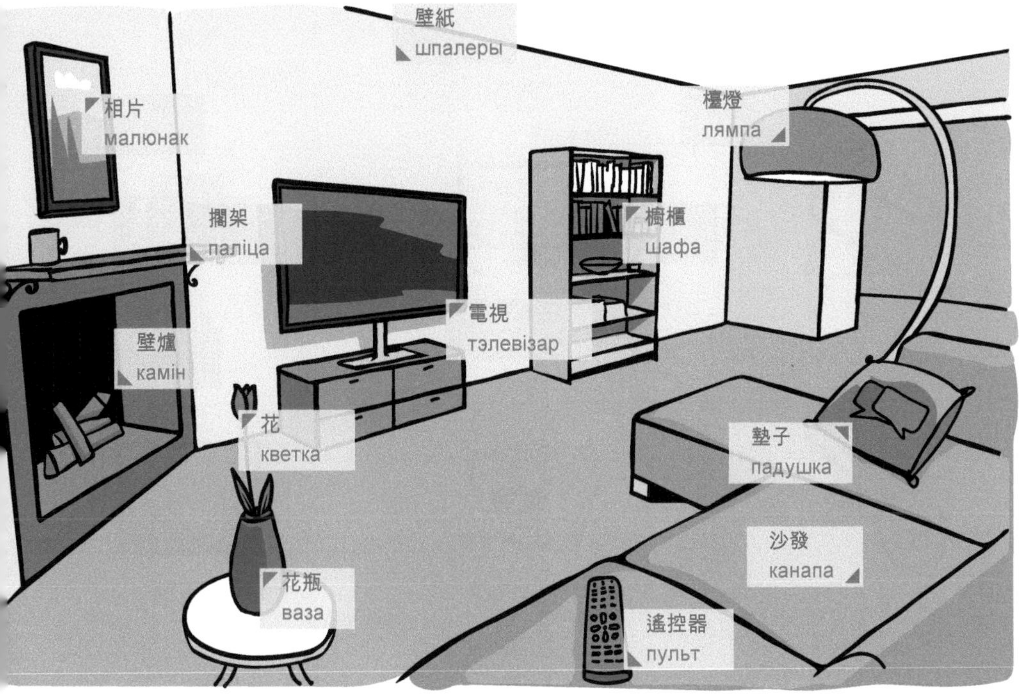

壁紙
шпалеры

相片
малюнак

檯燈
лямпа

擱架
паліца

櫥櫃
шафа

電視
тэлевізар

壁爐
камін

花
кветка

墊子
падушка

花瓶
ваза

沙發
канапа

遙控器
пульт

地毯
дыван

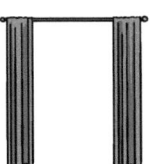

窗簾
фіранка

餐桌
стол

椅子
крэсла

搖椅
крэсла-качалка

扶手椅
крэсла

書

кніга

毯子

коўдра

裝飾品

дэкарацыя

木柴

дровы

電影

кіно

高傳真音響

стэрэасістэма

鑰匙

ключ

報紙

газета

油畫

карціна

海報

постар

收音機

радыё

筆記本

нататнік

吸塵器

пыласос

仙人掌

кактус

蠟燭

свечка

廚房

кухня

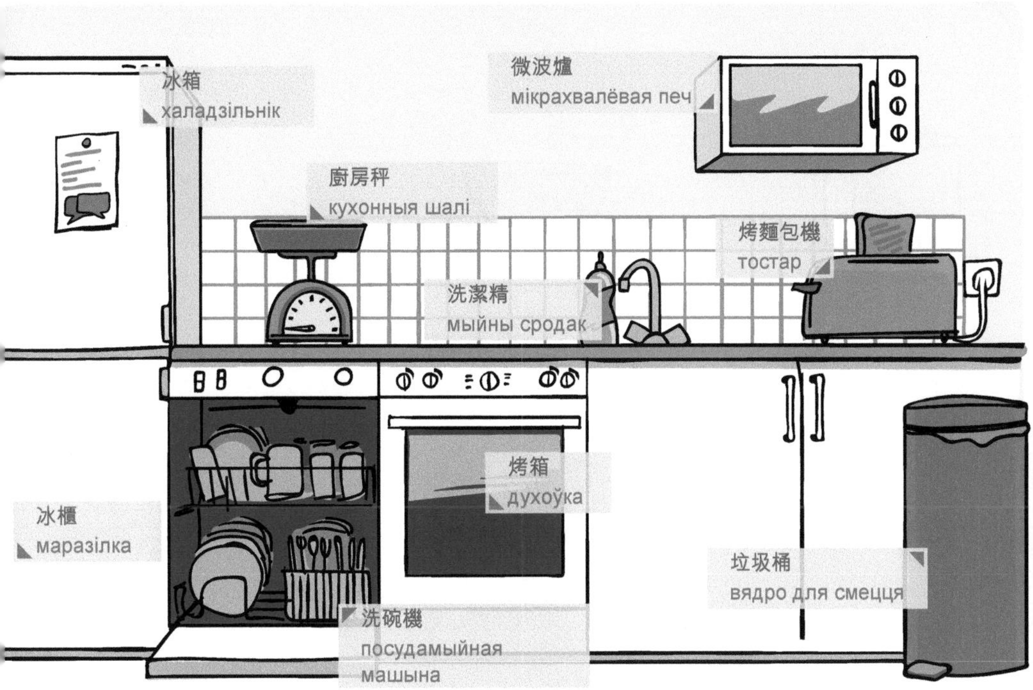
冰箱
халадзільнік
微波爐
мікрахвалёвая печ
廚房秤
кухонныя шалі
烤麵包機
тостар
洗潔精
мыйны сродак
烤箱
духоўка
冰櫃
маразілка
垃圾桶
вядро для смецця
洗碗機
посудамыйная
машына

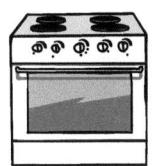

炊具

пліта

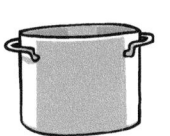

鍋

рондаль

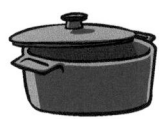

鑄鐵鍋

чыгунок

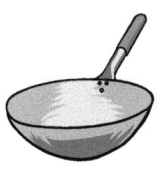

炒鍋

Вок / кадаі

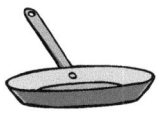

平底鍋

патэльня

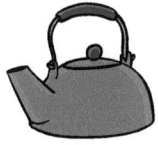

水壺

чайнік

蒸鍋

параварка

烤盤

бляха

陶瓷鍋

посуд

馬克杯

кубак

碗

міска

筷子

палачкі для ежы

長柄勺

чарпак

鏟子

лапатачка

攪拌器

збівалка

濾網

сіта для варэння

篩子

сіта

磨碎機

тарка

研缽

ступка

燒烤

грыль

明火

вогнішча

菜板

дошка

擀麵杖

качалка

罐子

бляшанка

開罐器

адкрывалка

開瓶器

штопар

隔熱手套

прыхваткі

水槽

ракавіна

刷子

шчотка

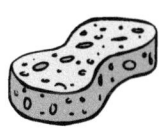

海綿

губка

攪拌機

міксер

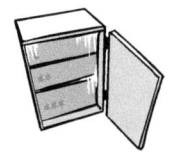

冷藏箱

маразільная камера

奶瓶

бутэлечка

水龍頭

вадаправодны кран

浴室

ванная

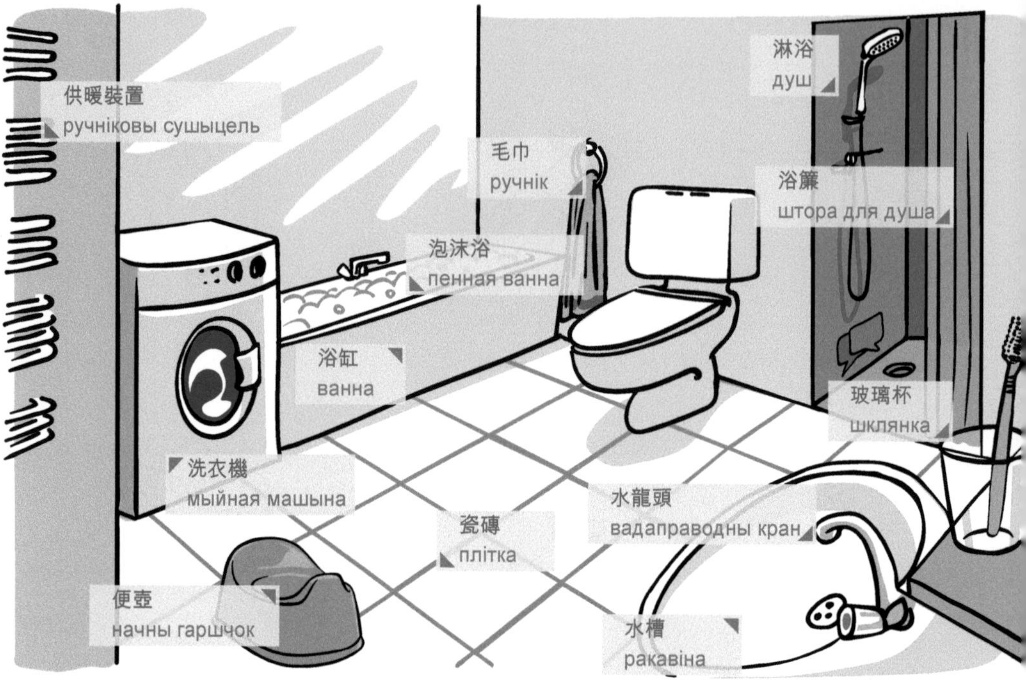

供暖裝置
ручніковы сушыцель
毛巾
ручнік
淋浴
душ
浴簾
штора для душа
泡沫浴
пенная ванна
浴缸
ванна
洗衣機
мыйная машына
玻璃杯
шклянка
水龍頭
вадаправодны кран
瓷磚
плітка
便壺
начны гаршчок
水槽
ракавіна

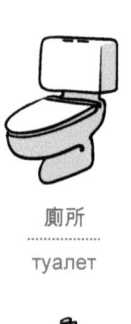

廁所

туалет

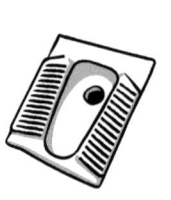

蹲便器

падлогавы ўнітаз

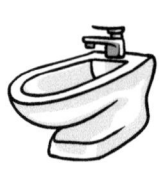

坐浴器

бідэ

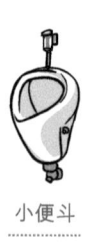

小便斗

пісуар

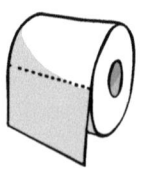

廁紙

туалетная папера

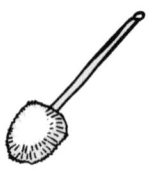

馬桶刷

шчотка для чысткі ўнітаза

牙刷

зубная шчотка

牙膏

зубная паста

牙線

зубная нітка

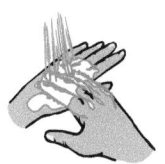

洗

мыць

手持式蓮蓬頭

ручны душ

沖洗器

інтымны душ

洗臉盆

умывальнік

洗背刷

шчотка для спіны

肥皂

мыла

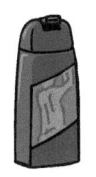

沐浴露

гель для душа

洗髮乳

шампунь

法蘭絨

вяхотка

排水

вадасцёк

乳霜

крэм

除臭劑

дэзадарант

鏡子

люстэрка

手鏡

касметычнае люстэрка

刮鬍刀

станок для галення

刮鬍泡沫

пена для галення

鬍後水

ласьён пасля галення

梳子

грэбень

刷子

шчотка

吹風機

фен

噴髮定型劑

лак для валасоў

化妝品

касметыка

唇膏

памада

指甲油

лак для пазногцяў

化妝棉

вата

指甲剪

манікюрныя нажніцы

香水

духі

洗漱包

касметычка

凳子

табурэтка

計重秤

вагі

浴袍

лазневы халат

橡膠手套

санітарныя пальчаткі

衛生棉條

тампон

衛生棉

гігіенічныя пракладкі

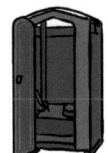

化學廁所

біятуалет

兒童房
дзіцячы пакой

鬧鐘
будзільнік
毛絨玩具
мяккая цацка
玩具車
цацачная машынка
撥浪鼓
бразготка
玩具屋
лялечны домік
禮物
падарунак

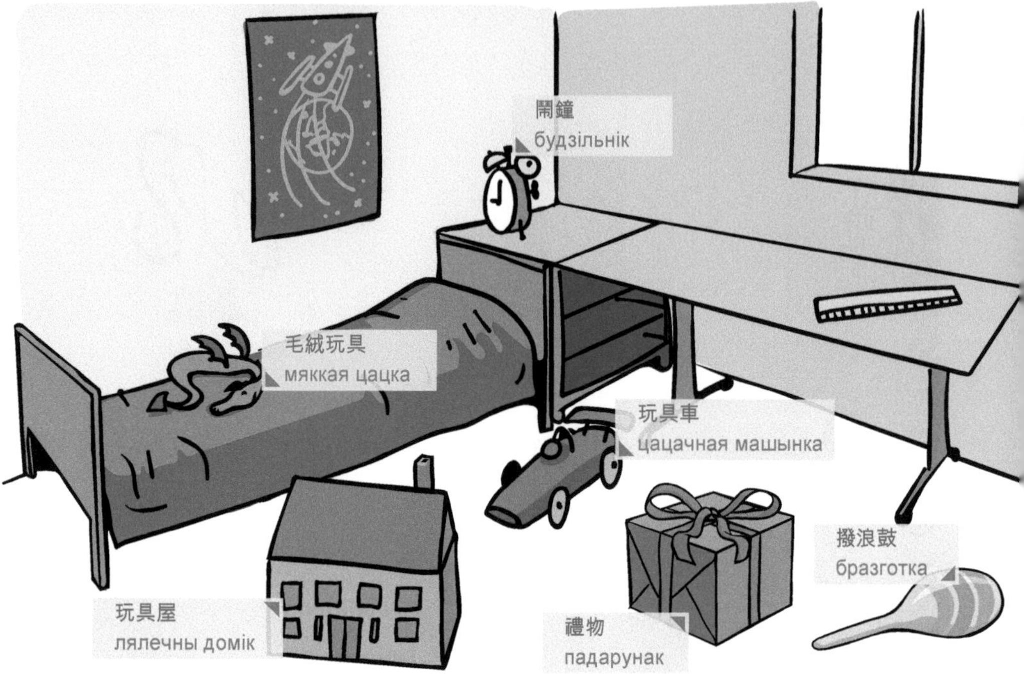

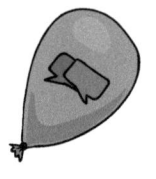

氣球
надзіманы шарык

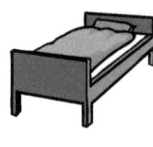

床
ложак

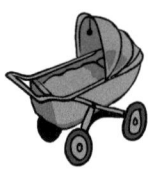

嬰兒車
дзіцячая каляска

撲克牌
калода картаў

拼圖
пазл

SUPER
MEGA

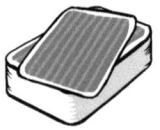

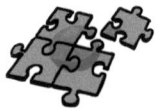

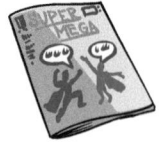

漫畫
комікс

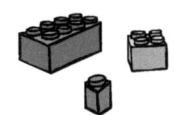

樂高積木

канструктар "Лега"

積木玩具

канструктар

公仔

экшэн-фігурка

嬰兒服

дзіцячы гарнітур

飛盤

фрызбі

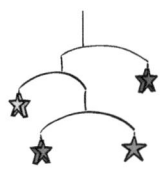

床鈴玩具

дзіцячы мабіль

棋盤遊戲

настольная гульня

骰子

кубік

火車模型

дзіцячая чыгунка

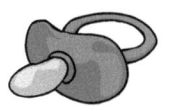

安撫奶嘴

пустышка

派對

дзіцячае свята

繪本

кніга з малюнкамі

球

мячык

洋娃娃

лялька

玩

гуляцца

沙坑

пясочніца

鞦韆

арэлі

玩具

цацкі

電玩遊戲

гульнявая відэа прыстаўка

三輪車

трохколавы ровар

泰迪熊

плюшавы мішка

衣櫃

шафа

衣服

адзенне

襪子

шкарпэткі

長襪

панчохі

緊身褲

калготкі

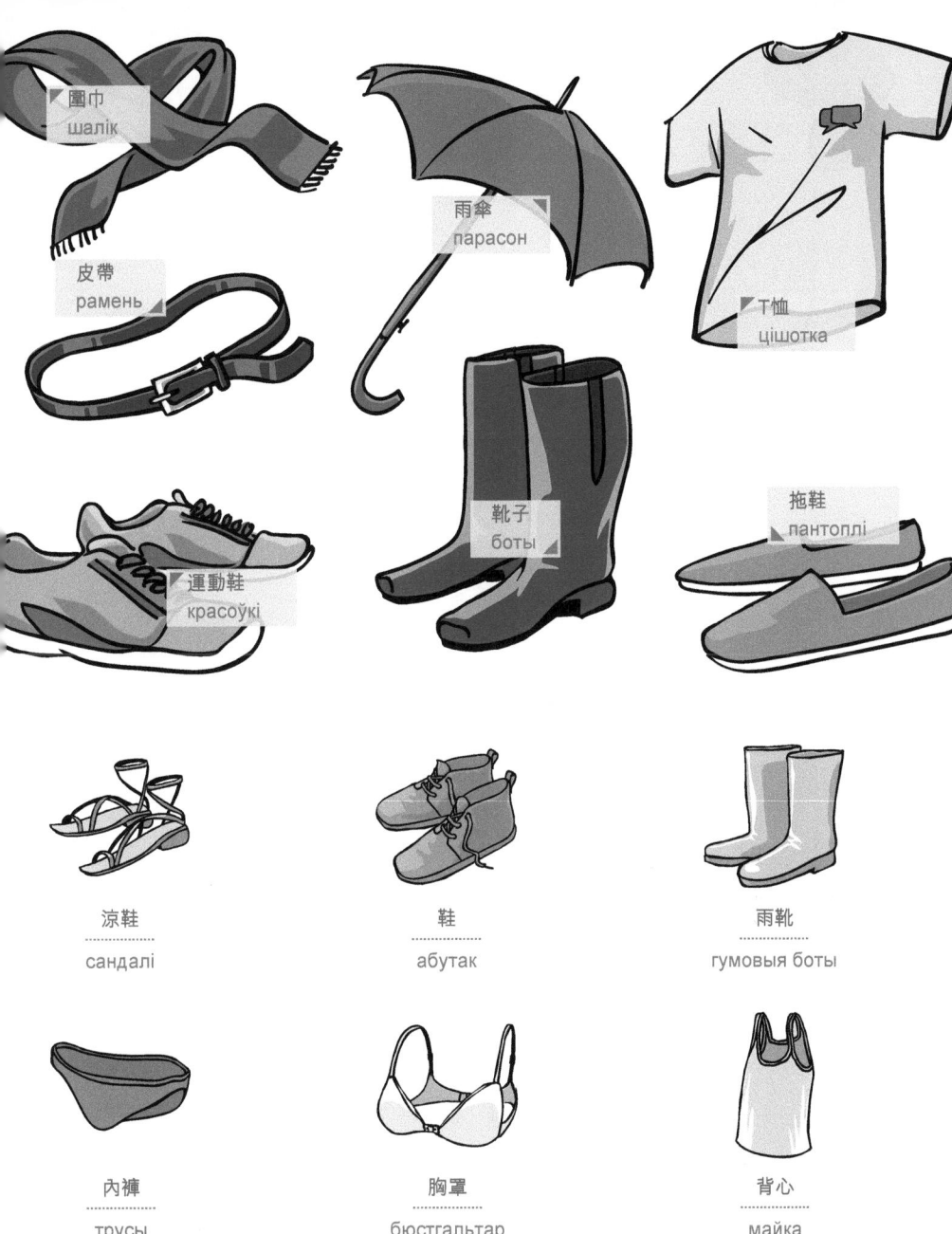

圍巾
шалік

雨傘
парасон

T恤
цішотка

皮帶
рамень

靴子
боты

拖鞋
пантоплі

運動鞋
красоўкі

涼鞋
сандалі

鞋
абутак

雨靴
гумовыя боты

內褲
трусы

胸罩
бюстгальтар

背心
майка

身體
бодзі

褲子
штаны

牛仔褲
джынсы

短裙
спадніца

女式襯衫
блузка

襯衫
кашуля

套頭衫
джэмпер

連帽上衣
талстоўка

西裝夾克
блэйзер

夾克
куртка

外套
паліто

雨衣
дажджавік

套裝
касцюм

連衣裙
сукенка

婚紗
вясельная сукенка

西裝

касцюм

睡袍

начная сарочка

睡衣

піжама

莎麗

сары

頭巾

хустка

包頭巾

цюрбан

波卡

паранджа

卡夫坦

каптан

(阿拉伯式)長袍

Абая

泳衣

купальнік

男式泳褲

плаўкі

短褲

шорты

運動服

спартыўны касцюм

圍裙

фартух

手套

пальчаткі

鈕扣

гузік

眼鏡

акуляры

手鏈

бранзалет

項鍊

каралі

戒指

кальцо

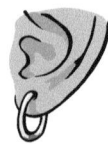

耳環

завушніца

便帽

кепка

衣架

вешалка

帽子

капялюш

領帶

гальштук

拉鍊

маланка

安全帽

шлем

背帶

падцяжкі

校服

школьная форма

制服

уніформа

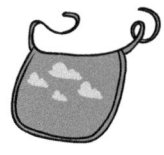

圍兜

нагруднік

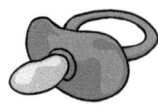

安撫奶嘴

пустышка

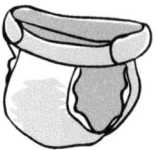

尿布

падгузнік

辦公室

офіс

伺服器
сервер
檔案櫃
канцылярская шафа
印表機
прынтэр
紙
папера
螢幕
манітор
滑鼠
мыш
辦公桌
пісьмовы стол
資料夾
тэчка
鍵盤
клавіятура
椅子
крэсла
廢紙簍
смеццевы кошык
電腦
кампутар

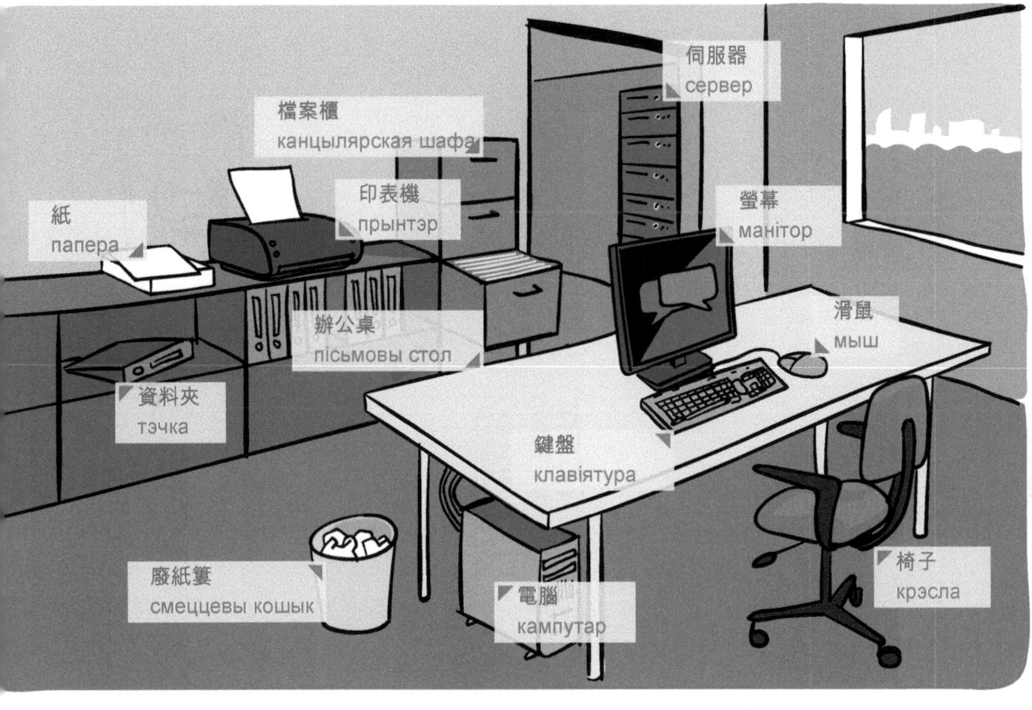

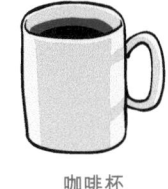

咖啡杯

кубак для кавы (філіжанка)

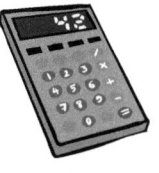

計算機

калькулятар

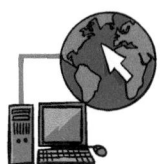

網際網路

інтэрнэт

筆記型電腦

ноўтбук

信件

ліст

簡訊

паведамленне

行動電話

мабільны тэлефон

網路

сетка

影印機

ксеракс

軟體

праграмнае забеспячэнне

電話

тэлефон

插座

разетка

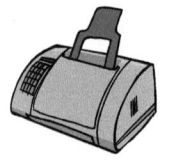

傳真機

факс

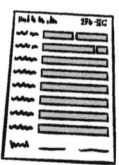

表格

фармуляр

檔案

дакумент

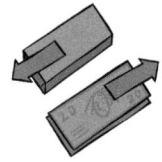

買

кэупляць

付錢

плаціць

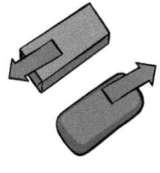

交易

гандляваць

現金

грошы

美元

долар

歐元

еўра

日元

ена

盧布

рубель

瑞士法郎

франк

人民幣

кітайскі юань

盧比

рупія

提款處

банкамат

外幣兌換處

абменны пункт

金

золата

銀

срэбра

石油

нафта

能源

энергія

價格

цана

合約

кантракт

稅金

падатак

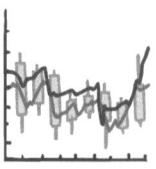

股票

акцыя

工作

працаваць

職員

служачы

老闆

працадаўца

工廠

фабрыка

商店

крама

職業

прафесіі

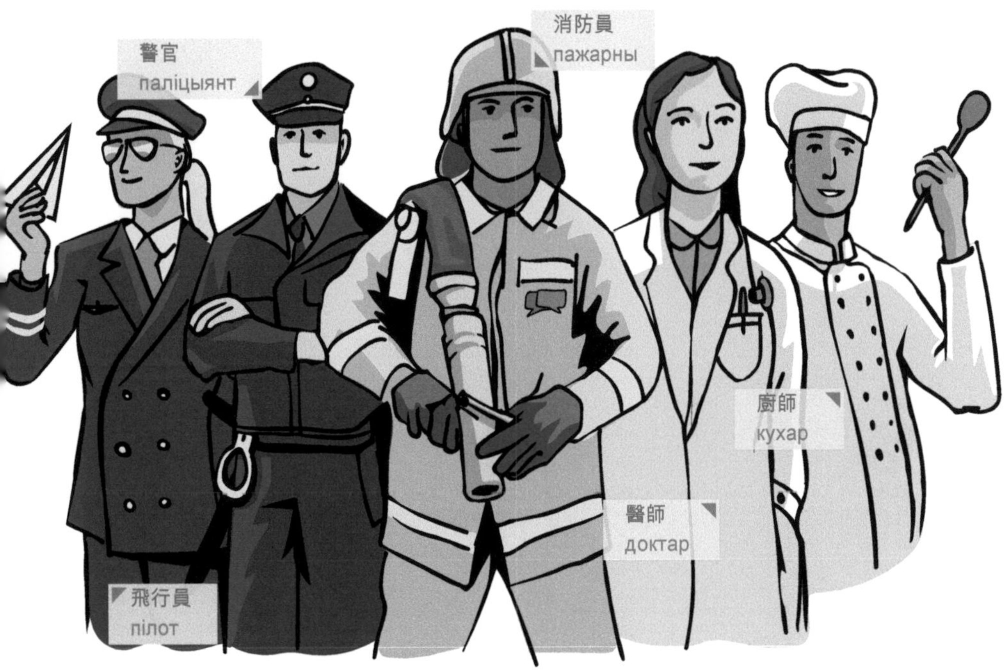

警官
паліцыянт
消防員
пажарны
飛行員
пілот
醫師
доктар
廚師
кухар

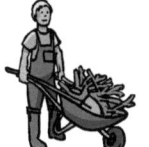

園丁

садоўнік

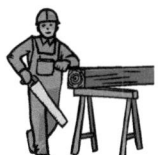

木匠

слесар

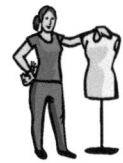

裁縫

швачка

法官

суддзя

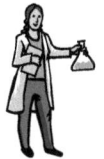

化學家

хімік

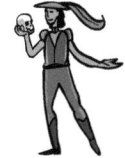

演員

артыст

公車司機

кіроўца аўтобуса

計程車司機

таксіст

漁夫

рыбак

清洗女工

прыбіральшчыца

屋頂工

страхар

服務生

афіцыянт

獵人

паляўнічы

畫家

мастак

麵包師

пекар

電工

электрык

建築工人

будаўнік

工程師

інжынер

屠夫

мяснік

水管工

сантэхнік

郵差

паштальён

士兵

салдат

建築師

архітэктар

收銀員

касір

花農

фларыст

理髮師

цырульнік

售票員

кандуктар

機械技師

механік

船長

капітан

牙醫

стаматолаг

科學家

вучоны

拉比

рабін

伊瑪目

імам

和尚

манах

牧師

святар

職業 - прафесіі

工具

інструменты

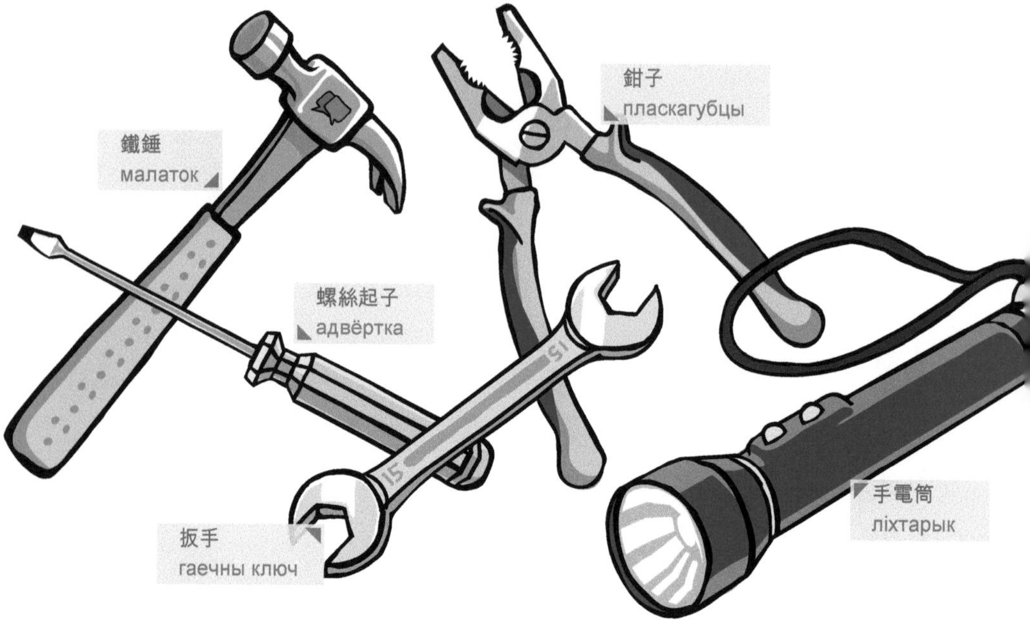
鐵錘
малаток
鉗子
пласкагубцы
螺絲起子
адвёртка
扳手
гаечны ключ
手電筒
ліхтарык

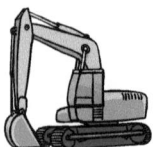

挖掘機

экскаватар

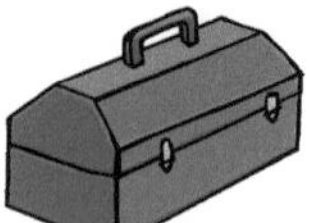

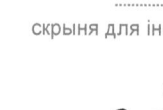

工具箱

скрыня для інструментаў

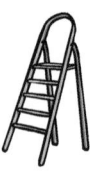

梯子

дравіны

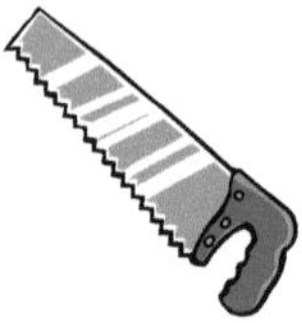

鋸子

піла

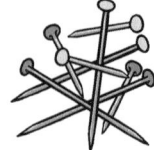

釘子

цвікі

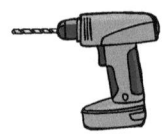

鑽機

дрыль

修
....
рамантаваць

鏟子
....
рыдлеўка

糟糕！
....
Халера!

畚箕
....
шуфлік для смецця

油漆桶
....
вядро з фарбаю

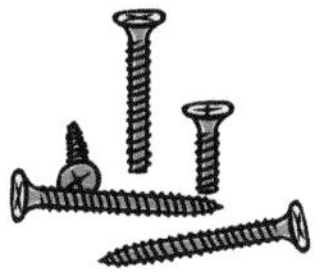

螺絲
....
балты

樂器

музычныя інструменты

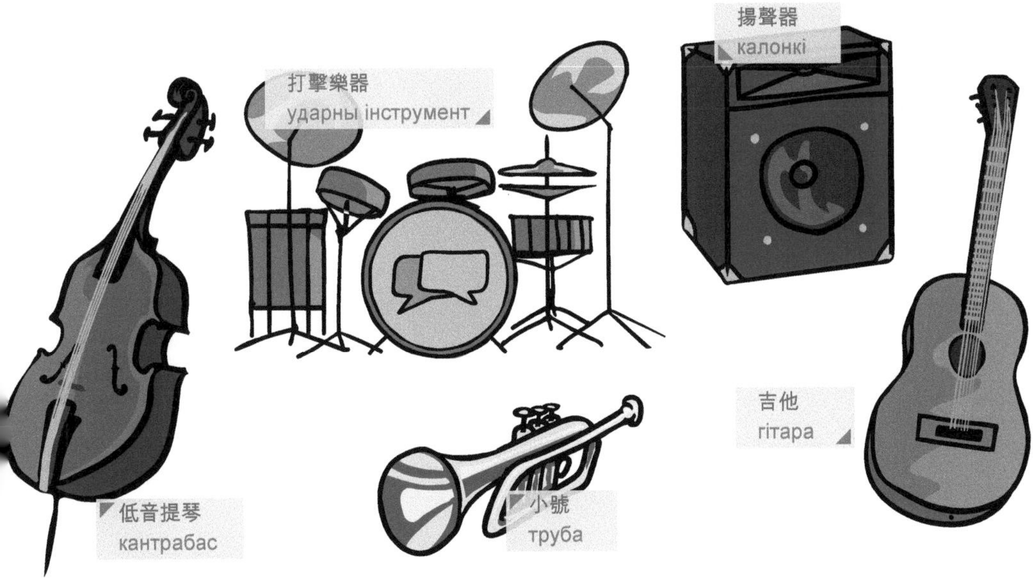

打擊樂器
ударны інструмент

揚聲器
калонкі

低音提琴
кантрабас

小號
труба

吉他
гітара

鋼琴

піяніна

小提琴

скрыпка

貝斯

басгітара

定音鼓

літаўры

鼓

барабан

電子琴

клавішны электрамузычны
інструмент

薩克斯風

саксафон

長笛

флейта

麥克風

мікрафон

動物園

заапарк

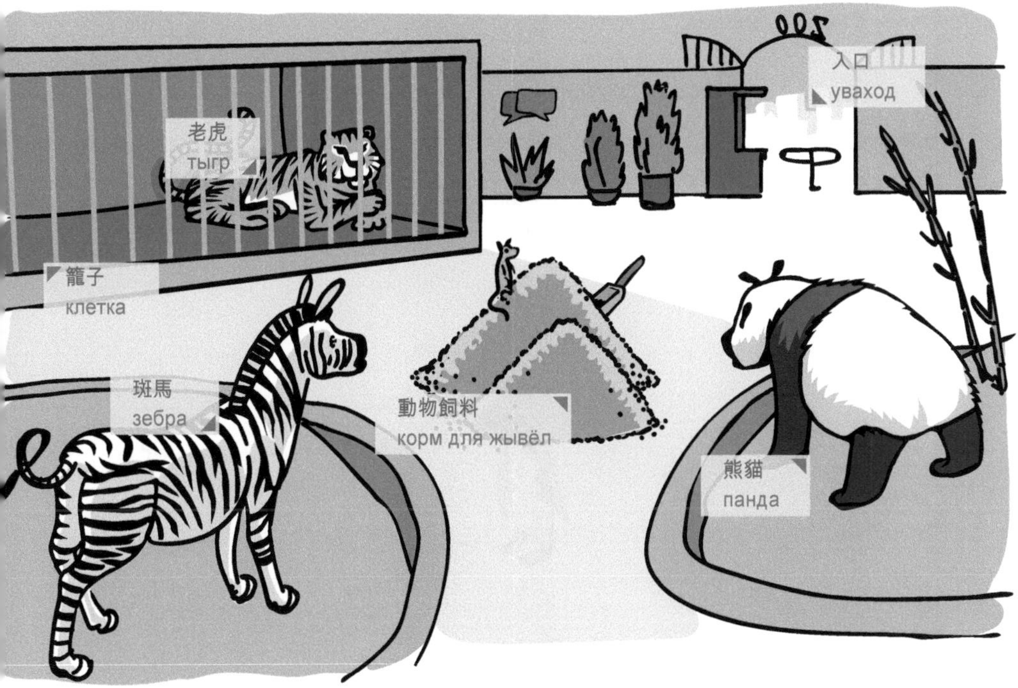

入口
уваход
老虎
тыгр
籠子
клетка
斑馬
зебра
動物飼料
корм для жывёл
熊貓
панда

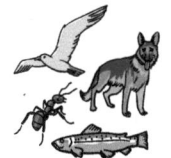

動物

жывёлы

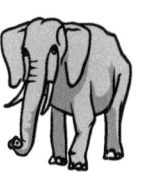

大象

слон

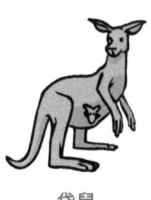

袋鼠

кенгуру

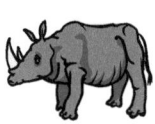

犀牛

насарог

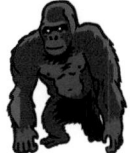

大猩猩

гарыла

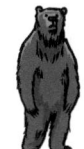

熊

мядзведзь

駱駝

вярблюд

鴕鳥

стравус

獅子

леў

猴子

малпа

紅鶴

фламінга

鸚鵡

папугай

北極熊

белы мядзведзь

企鵝

пінгвін

鯊魚

акула

孔雀

паўлін

蛇

змяя

鱷魚

кракадзіл

動物園管理員

наглядчык заапарка

海豹

цюлень

美洲豹

ягуар

矮種馬

поні

豹

леапард

河馬

бегемот

長頸鹿

жыраф

老鷹

арол

野豬

дзік

魚

рыбак

龜

чарапаха

海象

морж

狐狸

ліса

羚羊

газель

橄欖球
амерыканскі футбол

騎腳踏車
веласпорт

網球
тэніс

籃球
баскетбол

游泳
плаванне

拳擊
бокс

冰球
хакей з шайбай

美式足球
футбол

羽毛球
бадмінтон

田徑
лёгкая атлетыка

手球
гандбол

滑雪
горныя лыжы

馬球
пола

跳
скакаць

擁抱
абдымаць

笑
смяяцца

走路
ісці

唱
спяваць

祈禱
маліцца

親吻
цалаваць

做夢
марыць

書寫
пісаць

畫
маляваць

展示
паказваць

推
націснуць

給
даваць

拿
браць

有
……………
маць

做
……………
выконваць

當
……………
быць

站
……………
стаяць

跑
……………
бегчы

拉
……………
цягнуць

丢
……………
кідаць

摔倒
……………
падаць

躺
……………
ляжаць

等待
……………
чакаць

攜帶
……………
насіць

坐
……………
сядзець

穿衣
……………
апранацца

睡覺
……………
спаць

醒來
……………
прачынацца

看
глядзець

哭
плакаць

擊
лашчыць

梳頭
прычэсвацца

交談
гаварыць

明白
разумець

問
пытаць

聽
чуць

喝
піць

吃
есці

清理
прыбіраць

愛
кахаць

做飯
гатаваць

開車
ехаць

飛
лятаць

航行

плаваць пад ветразем

計算

лічыць

讀

чытаць

學習

вучыць

工作

працаваць

結婚

уступаць у шлюб

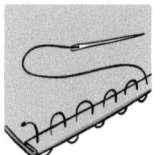

縫

шыць

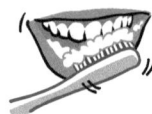

刷牙

чысціць зубы

殺

забіваць

抽菸

курыць

寄

пасылаць

祖母
бабуля

祖父
дзядуля

父親
бацька

母親
маці

嬰兒
дзіця

女兒
дачка

兒子
сын

客人

госць

阿姨

цётка

叔叔

дзядзька

兄弟

брат

姐妹

сястра

身體

цела

前額
лоб
眼睛
вока
肩膀
плячо
手指
палец
臉
твар
下巴
падбародак
手
рука
乳房
грудзі
腿
нага
手臂
рука

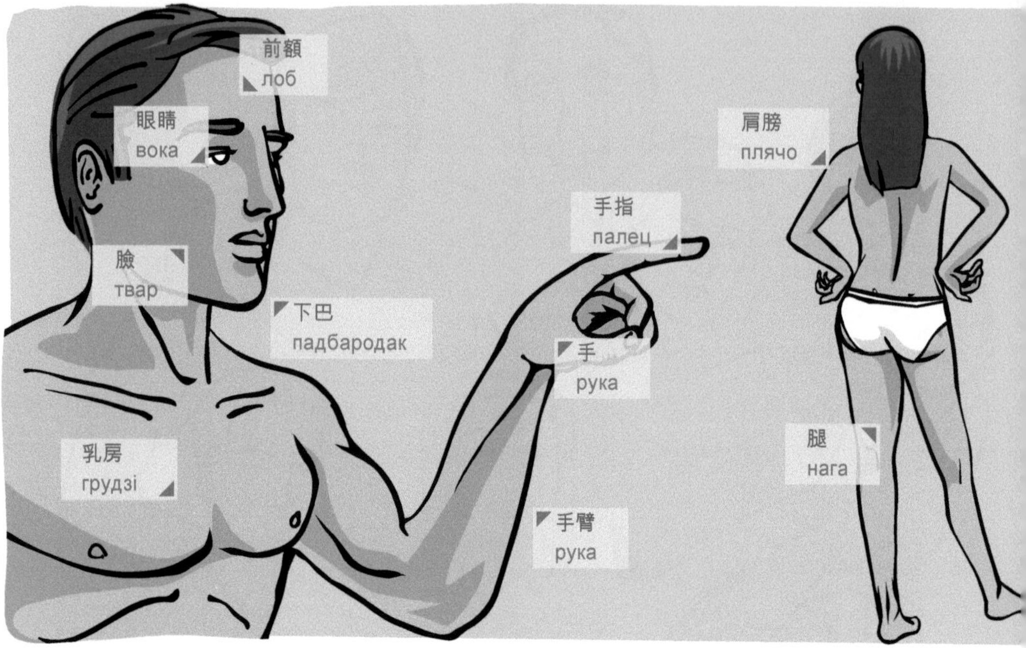

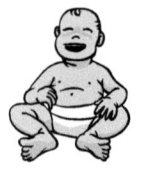

嬰兒

дзіця

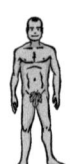

男人

мужчына

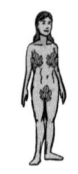

女人

жанчына

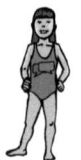

女孩

дзяўчынка

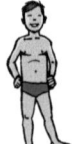

男孩

хлопчык

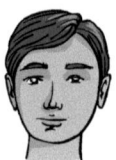

頭

галава

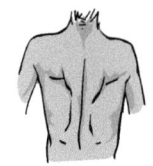

背部

спіна

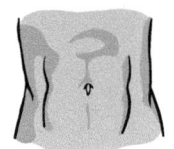

肚子

жывот

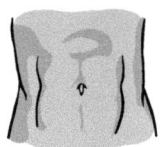

肚臍

пуп

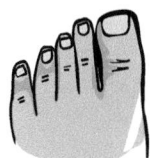

腳趾

палец нагі

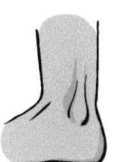

腳後跟

пятка

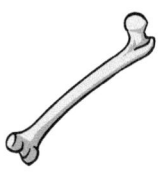

骨頭

костка

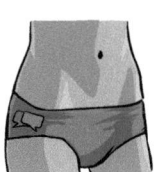

臀部

бядро

膝蓋

калена

手肘

локаць

鼻子

нос

屁股

ягадзіца

皮膚

скура

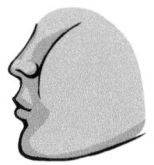

臉頰

шчака

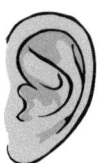

耳朵

вуха

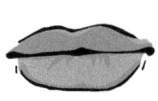

嘴唇

губа

身體 - цела

69

嘴

рот

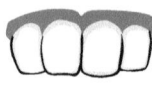

牙齒

зуб

舌頭

язык

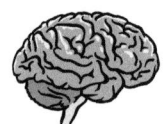

腦

галаўны мозг

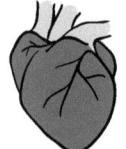

心臟

сэрца

肌肉

мышца

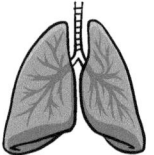

肺

лёгкае

肝臟

пячонка

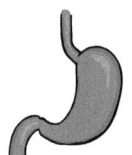

胃

страўнік

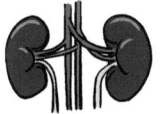

腎臟

ныркі

性交

сэкс

保險套

прэзерватыў

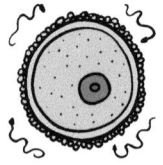

卵子

яйцаклетка

精子

сперма

懷孕

цяжарнасць

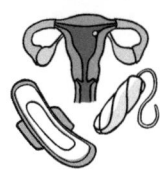

月事

менструацыя

陰道

похва

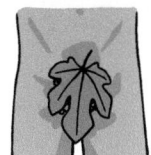

陰莖

пеніс

眉毛

брыво

頭髮

валасы

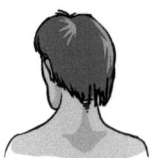

脖子

шыя

醫院

шпіталь

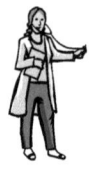

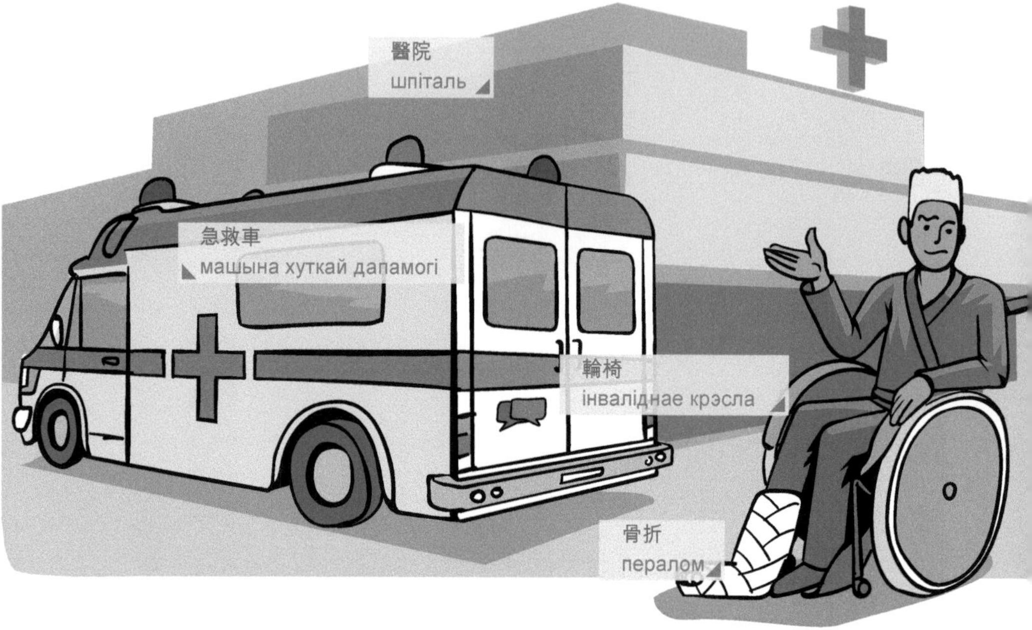

醫院
шпіталь
急救車
машына хуткай дапамогі
輪椅
інваліднае крэсла
骨折
пералом

醫師

доктар

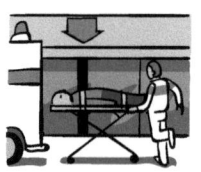

急診室

аддзяленне першай дапамогі

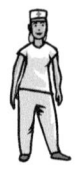

護理師

медсястра

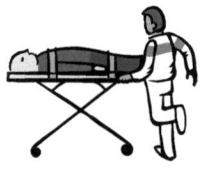

緊急情形

экстраная дапамога

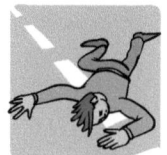

昏迷

непрытомны

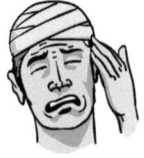

痛

боль

受傷

траўма

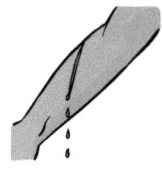

出血

крывацёк

心臟病發作

інфаркт

中風

апаплексія

過敏

алергія

咳嗽

кашаль

發燒

гарачка

流感

грып

腹瀉

панос

頭痛

галаўны боль

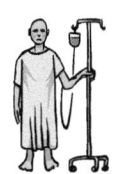

癌症

рак

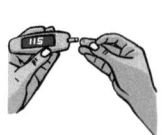

糖尿病

дыябет

外科醫師

хірург

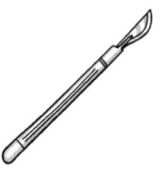

手術刀

скальпель

手術

аперацыя

電腦斷層掃描

KT

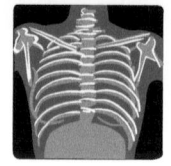

X光

рэнтген

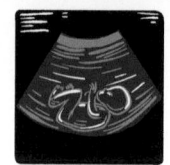

超音波

ультрагук

口罩

маска

疾病

хвароба

候診室

пачакальня

拐杖

мыліца

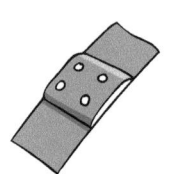

石膏

пластыр

繃帶

бінт

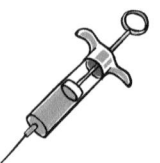

注射

ін'екцыя

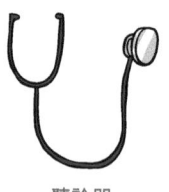

聽診器

стэтаскоп

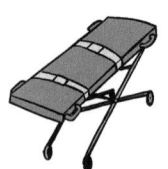

擔架

насілкі

體溫計

градуснік

出生

нараджэнне

超重

лішняя вага

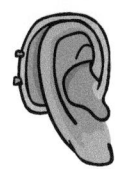

助聽器

слухавы апарат

消毒液

дэзінфекцыйны сродак

感染

інфекцыя

病毒

вірус

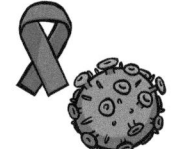

愛滋病

ВІЧ/СНІД

藥物

лекі

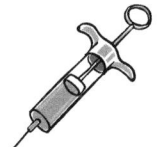

接種疫苗

прышчэпка

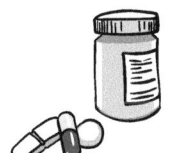

藥片

таблеткі

藥丸

супрацьзачаткавая таблетка

急救電話

экстраны выклік

血壓計

танометр

生病/健康

хворы / здаровы

救命！

Ратуйце!

警報

сігналізацыя

突擊

напад

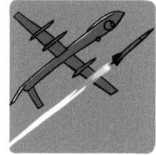

攻擊

атака

危險

небяспека

緊急出口

аварыйны выхад

失火了！

Пажар!

滅火器

вогнетушыцель

意外

аварыя

急救箱

аптэчка

呼救訊號

COC

員警

паліцыя

歐洲

Еўропа

北美洲

Паўночная Амерыка

南美洲

Паўднёвая Амерыка

非洲

Афрыка

亞洲

Азія

澳洲

Аўстралія

大西洋

Атлантычны акіян

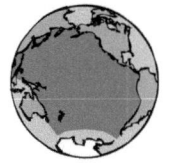

太平洋

Ціхі акіян

印度洋

Індыйскі акіян

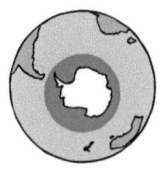

南冰洋

Паўднёвы ледавіты акіян

北冰洋

Паўночны ледавіты акіян

北極

Паўночны полюс

南極

Паўднёвы полюс

南極洲

Антарктыда

地球

Зямля

陸地

краіна

海

мора

島

востраў

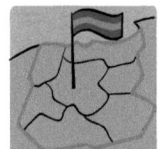

國家

нацыя

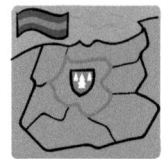

州

дзяржава

錶盤

цыферблат

時針

гадзінная стрэлка

分針

хвілінная стрэлка

秒針

секундная стрэлка

現在幾點？

Колькі часу?

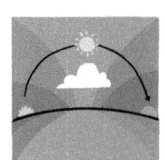

天

дзень

時間

час

現在

зараз

電子錶

электронны гадзіннік

分

хвіліна

時

гадзіна

週

тыдзень

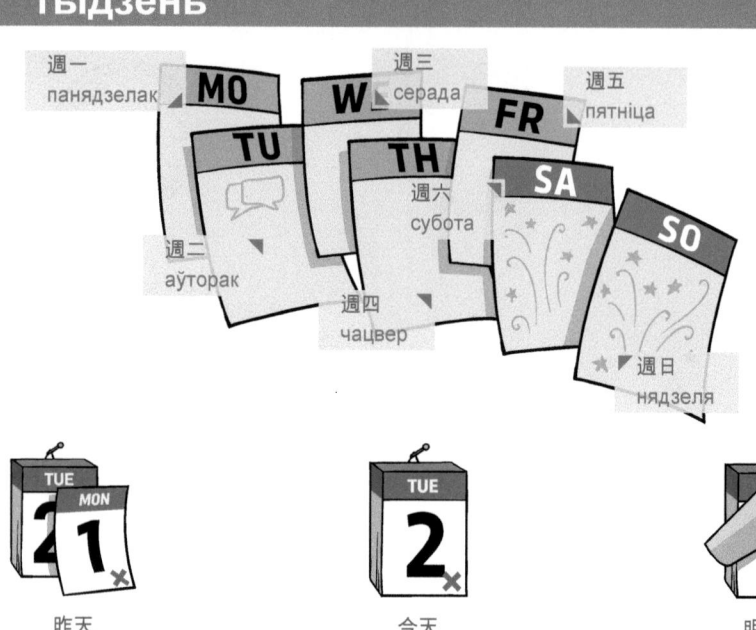

週一 панядзелак
週二 аўторак
週三 серада
週四 чацвер
週五 пятніца
週六 субота
週日 нядзеля

昨天
ўчора

今天
сёння

明天
заўтра

早晨
раніца

中午
абед

晚上
вечар

工作日
працоўныя дні

週末
выхадныя

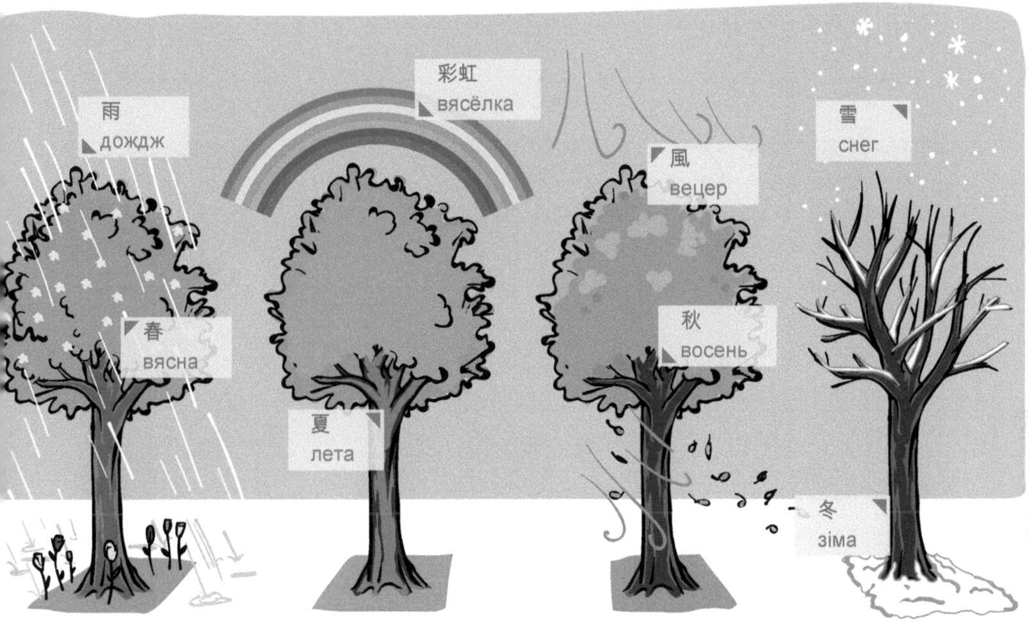

雨
дождж
彩虹
вясёлка
雪
снег
風
вецер
春
вясна
秋
восень
夏
лета
冬
зіма

4.APRIL 11°
5.APRIL 4°
6.APRIL 13°
7.APRIL 8°
8.APRIL 10°

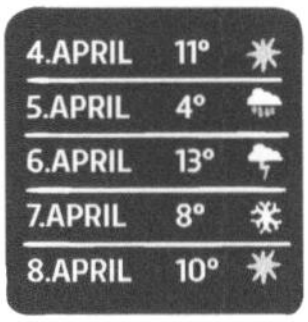

天氣預告

прагноз надвор'я

F
C
120
90
60
30
0
-30
40
30
20
10
0
-10
-20

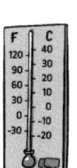

溫度計

градуснік

陽光

сонечнае святло

雲

воблака

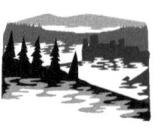

霧

туман

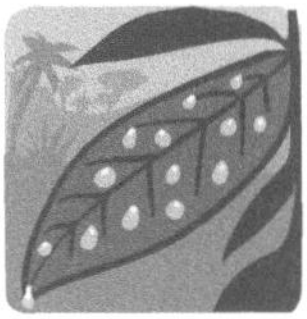

潮濕

вільготнасць паветра

閃電

маланка

打雷

гром

風暴

бура

冰雹

град

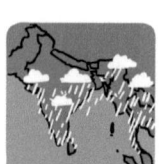
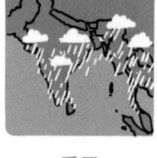

季風

мусонны вецер

洪水

прыліў

冰

лёд

一月

студзень

二月

люты

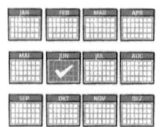

三月

сакавік

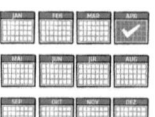

四月

красавік

五月

май

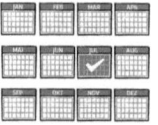

六月

чэрвень

七月

ліпень

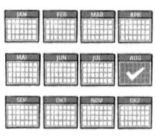

八月

жнівень

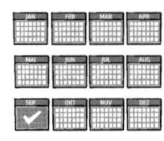

九月
....
верасень

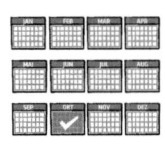

十月
....
кастрычнік

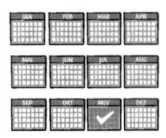

十一月
....
лістапад

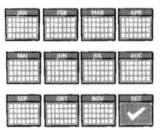

十二月
....
снежань

圓形
....
круг

正方形
....
квадрат

長方形
....
прамавугольнік

三角形
....
трохвугольнік

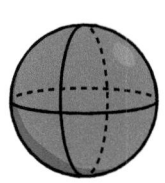

球體
....
шар

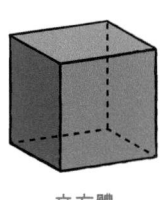

立方體
....
куб

白
....
белы

黃
....
жоўты

橙
....
аранжавы

粉
....
ружовы

紅
....
чырвоны

紫
....
фіялетавы

藍
....
сіні

綠
....
зялёны

棕
....
карычневы

灰
....
шэры

黑
....
чорны

很多/少許

шмат / мала

生氣/平靜

злы / добры

美/醜

прыгожы / брыдкі

首/尾

пачатак / канец

大/小

высокі / малы

明/暗

светлы / цёмны

兄弟/姐妹

сястра / брат

乾淨/骯髒

чысты / брудны

完整/缺失

поўны / няпоўны

白天/晚上

дзень / ноч

死/生

мёртвы / жывы

寬/窄

шырокі / вузкі

可食用/非食用

ядомы / неядомы

邪惡/善良

злы / добры

興奮/無聊

узбуджаны / нудны

胖/瘦

тоўсты / тонкі

第一/最後

першы / апошні

朋友/敵人

сябар / вораг

滿/空

поўны / пусты

硬/軟

цвёрды / мяккі

重/輕

важкі / лёгкі

餓/渴

голад / смага

生病/健康

хворы / здаровы

非法/合法

нелегальны / легальны

聰明/愚笨

разумны / дурны

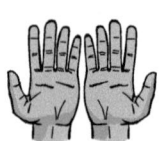

左/右

левы / правы

近/遠

побач / далёка

新/舊

новы / былы ва ўжыванні

沒有/有些

нічога / нешта

老/幼

стары / малады

開/關

укл / выкл

打開/闔上

адчынены / зачынены

安靜/吵鬧

ціхі / гучны

富/窮

багаты / бедны

對/錯

правільна / няправільна

粗糙/光滑

шурпаты / гладкі

傷心/高興

сумны / шчаслівы

短/長

кароткі / доўгі

慢/快

павольны / хуткі

濕/乾

вільготны / сухі

溫暖/涼爽

цёплы / халаднаваты

戰爭/和平

вайна / мір

лічбы

0

零
....
нуль

1

一
....
адзін

2

二
....
два

3

三
....
тры

4

四
....
чатыры

5

五
....
пяць

6

六
....
шэсць

7

七
....
сем

8

八
....
восем

9

九
....
дзевяць

10

十
....
дзесяць

11

十一
....
адзінаццаць

12

十二

дванаццаць

13

十三

трынаццаць

14

十四

чатырнаццаць

15

十五

пятнаццаць

16

十六

шаснаццаць

17

十七

сямнаццаць

18

十八

васямнаццаць

19

十九

дзевятнаццаць

20

二十

дваццаць

100

百

сто

1.000

千

тысяча

1.000.000

百萬

мільён

數字 - лічбы

89

英語
....
англійская

美式英語
....
англійская (Амерыка)

普通話
....
кітайская мандарынская

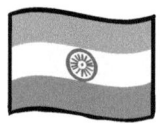

印地語
....
хіндзі

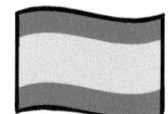

西班牙語
....
іспанская

法語
....
французская

阿拉伯語
....
арабская

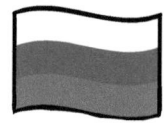

俄語
....
руская

葡萄牙語
....
партугальская

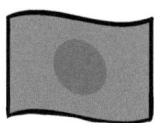

孟加拉語
....
бенгальская

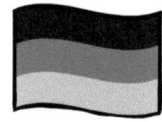

德語
....
нямецкая

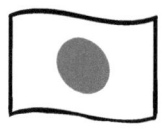

日語
....
японская

我

я

你

ты

他/她/它

ён / яна / яно

我們

мы

你們

вы

他們

яны

誰？

хто?

什麼？

што?

如何？

як?

何處？

дзе?

何時？

калі?

名字

імя

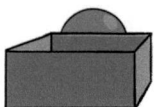

後面

за

裡面

у

前面

перад

上方

над

上面

на

下麵

пад

旁邊

каля

中間

паміж

地點

месца